きこえにくくても
大丈夫

みえる言葉で、おしゃべりに花が咲く

ちょこっと

50代からの手話

目　次

人生をより楽しく
〜聴力の低下や認知症の予防に手話を〜

　人は誰しも年齢と共に、聴力が少しずつ衰えていきます。この頃、相手の話を聞き直すことが増えたな、聞き間違いが多くて今まで気軽にできていたおしゃべりがしづらいな、なんて感じることはありませんか？（4、5 ページ参照）

　手や指は「第二の脳」と呼ばれ、指先を動かすことで脳を活性化する効果があるといわれています。「脳トレ」、「高齢者向け」等の単語で検索をすると、数多くの手遊びや指体操といった多くの情報がヒットします。手や指のトレーニングを行うことで血流量が多くなり、物忘れや認知症予防になるそうです。
　トレーニングをするなら、手や指を動かすだけの脳トレで終わってしまうのはもったいないと思いませんか。

　聞き取りにくくなった単語や音声の会話に、ジェスチャーを加えてみると、聞き間違いがグンと減り、スムーズに会話ができるようになります。
　「聴力を補助できるジェスチャーや表情の使い方ってハードルが高くない？」「もう歳だし新しいことは覚えられない！」なんてことはありません。日頃からよく見かけるジェスチャーや喜怒哀楽の表情を豊かにする等、日常会話に少しずつ取り入れることから始めてみましょう。

　本書を使って、手を使ったジェスチャーや表情をつけることに慣れてきたら近所の手話サークル等に参加し、手話を学び始めるのもよいかもしれません。指差しや表情の使い方はもちろん、手話には、相手にものを伝えやすくするためのちょっとしたコツがいっぱいつまっているので、怖がらずに使ってみましょう。
　また、手話を使うことで、きこえない人たちとも知り合いになれるので、今まで気がつかなかった世界への扉を開くことができるでしょう。

最近、耳が遠くなっちゃって…

きこえにくいな…

おしゃべりに加われない

明日
1時ね

2時ね

1時よ

え?
7時

聴きまちがいが増えた

もう、あまり人に
会わないようにしようかな…

4

ちょっとした会話が通じない…

妻よ
私もつらい

夫

いってきまーす

夫

え？
なぁに？

いって
きます

夫

あれ、
やってくれた？

やっと
いたよ

夫

ねぇ、
きいてるの？

だから
やったって！

夫

さぁ、ちょこっと
手話の世界へ

ゲホッ……
…なので、
この件はゲホ
…して
…下さい

？

？

（マスクもしてるし）
声だけで
伝えるのが大変

会社で

大きな声を出していたら…
のどの調子が悪くて…

5

この本の使い方

　この本は、日常における聞き間違いを減らし、楽しく会話をするために、第一章では、手話ではなくジェスチャーを使い、話すときに手や指を動かすことへの抵抗を減らします。次に、指差しをしたり、顎の位置や頬をふくらましたりしながら手や指以外も使っていくことを始めます。更に、単純な動作の繰り返しや表情を豊かにしながら手や指を使い、伝えることに慣れてもらいます。

　第二章では簡単な手話を学習し、第三章ではいままで学習した手話（動き）や表情を使って会話に挑戦します。

　まずは、どのような表現だったら伝わるか、イラストも参考にしながら表してみましょう。その後にページにある QR コードを携帯で読み取れば、イラスト以外の伝え方や表現もわかるようになっているので、様々なパターンを確認していきましょう。

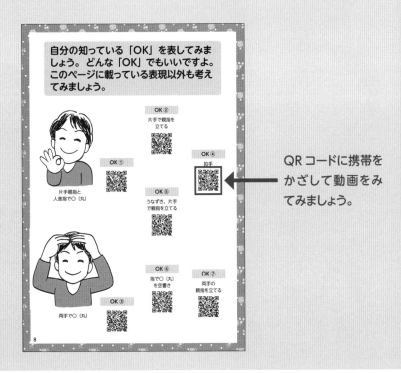

QR コードに携帯をかざして動画をみてみましょう。

第1章①

手話のハードル
下げてみました

日頃、みたことのあるジェスチャーから
始めてみましょう!

自分の知っている「OK」を表してみましょう。どんな「OK」でもいいですよ。このページに載っている表現以外も考えてみましょう。

片手親指と
人差指で〇（丸）

OK ①

OK ②
片手で親指を
立てる

OK ④
拍手

OK ⑤
うなずき、片手
で親指を立てる

両手で〇（丸）

OK ③

OK ⑥
指で〇（丸）
を空書き

OK ⑦
両手の
親指を立てる

「ダメ」、「にこにこ」、「怒る」を表してみましょう。
表情だけでも動かしてみましょう。

人差指を
クロスする

ダメ①

ダメ②
片手を立てて振る
（イヤイヤ）

両手の腕を
クロスする

ダメ③

ダメ④
指で×を空書き

両手の人差指を
それぞれ頬につける

にこにこ

怒る①
両手人差指を
頭の上にたてる

怒る③
腰に両手を当て
頬を膨らます

腕組みをして
頬を膨らます

怒る②

「食べる」を表現してみましょう。
何を「食べている」か、何で「食べている」
か考えて伝えてみましょう。

ハンバーガー

食べる①

食べる③

食べる②

ナイフ＆フォーク

食べる④

串

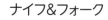

食べる⑥

ラーメン、そば
うどん

食べる⑤

パスタ

「飲む」を表現してみましょう。
何で「飲んでいる」か食器の持ち方等
で伝えてみましょう。

コップ

飲む②

ジョッキ

飲む①

飲む⑤

枡（ます）

飲む③

おちょこ

飲む④

ストロー

飲む⑥

湯呑み

飲む⑦

薬

「暑い」時、「寒い」時、「寝る」時は、どんな仕草をしますか？
普段使っている仕草から表わしてみましょう。

片手で扇ぐ

暑い①

暑い②

服をつまんで
扇ぐ

暑い③

額の汗を
拭う

両手を交差
させ腕をさする

寒い①

寒い②

両手を口元に近づけ
息をかけて両手を
すり合わせる

寝る②

腕を組んで
うつむく

片頬に両手
あわせてあてる

寝る①

寝る③

机につっぷす

12

第1章②

手話のハードル
下げてみました

指をさしたり、うなずいたり、首を振って
みたり、顎や頬をつかってみましょう!

誰（人）なのか、どこ（場所）なのか、わかるように指を差してみましょう。

みんな

三人称③

一人称①

わたし

二人称②

あなた

ここ
（後ろを指す）

場所③

場所①

ここ
（下を指す）

場所②

ここ
（隣りを指す）

そこ
（近くを指す）

場所④

場所⑤

そこ
（少し遠くを指す）

場所⑥

そこ
（遠くを指す）

指の動かし方で、「行く」と「来る」の違いを知りましょう。
表情も使って気持ちも表現してみましょう。

行く

行く①

行く②

行く
（やむを得ず）

行く③

行く! 行く!
（乗り気）

来る

来る①

来る②

来る、来る

行け④

行って!

お出でになる
いらっしゃる

来る⑤

来る③

次々と来る
（うれしい）

来る④

次々と来る
（しんどい）

15

「はい（同意）」、「いいえ（否定）」を表情や首を動かして表現してみましょう。

はい、うん

同意①

同意②
うん、
はい！（乗り気）

同意③
うん、
はい
（しぶしぶ）

いいえ

否定①

否定②
いいえ
（強調）

いいえ（フンッ）

否定③

頬を膨らませたり、すぼめたりして厚さや薄さを表現してみましょう。

混んでいる

頬を膨らます①

太い

頬を膨らます③

頬を膨らます②

厚い

頬を膨らます④

力がみなぎる

頬をすぼめる①

細い

細い

頬をすぼめる②

薄い

頬をすぼめる③

顎をひいたり、上げたりしてみましょう。どんな印象になると思いますか？

顎をひく
（追従する印象）

顎を引く

顎を上げる
（横柄、傲慢な印象）

顎を上げる①

顎を上げる②
（さらに横柄、傲慢な印象）

指の差す方向や、回数、スピードに表情や、首を振ったり顎をあげたり、さげたりする動作が加わると、ジェスチャーだけでも、かなり意味が伝わりやすくなります。

恥ずかしがらずに、ゲーム感覚でいろいろとやってみましょう。

手や指を使って簡単な手話をやってみましょう!

手話の相槌（あいづち）ができると便利です。
指をさしたり、うなずいたり、首を振ってみたり、顎（あご）や頬（ほほ）をつかってみましょう!

相槌の手話です。
「へー」、「なるほど」を手話で表してみましょう。

へえ

へえ②

(驚愕)

へえ①

へえ③

(なるほど)

なるほど

あいづち①

あいづち②

なるほど（へー）

うなづく回数、動作のスピード、表情等に注意しながら表してみましょう。

同意①

そう、そう

同意②

うん、うん

同意③

そう！
（強く同意）

構わない②

いいよ

構わない①

構わない

構わない③

まあ、いいか

手の振り方や表情が手話では言葉の強弱になります。いろんな「まだ」に挑戦してみましょう。

まだ

まだ①

まだ②
（両手）

まだ（強調）

まだ③

まだまだ④
（両手、強調）

少し

少し①

ちょっと

ちょっと②

手の動きだけではなく、あごの位置、
目の開き方、まゆげ等を動かしながら、
いろんな表情をやってみましょう。

本当?
(疑問：顎を引く)

本当②
(肯定：顎をあげる)

本当①

本当③
本当、まさに

うそ

うそ②
(強調)

うそ①

うそ③
うそでしょ
(冗談)

もちろん

もちろん②
(やや強調)

もちろん①

もちろん③
(強調)

「すごい!」と思う時、どんなリアクションをしますか?
伝わるジェスチャーや手話はたくさんあるのでやってみましょう。

すごい

すごい②

（強調）

すごい①

すばらしい

（拍手）

唖然
（あぜん）

あきれる

だまされた

だまされた

がっかり

がっかり

手や指を使って簡単な 手話をやってみましょう!

まず表情を作ってから、手や指を動かしてみましょう。手や指がスムーズに使えなくても大丈夫!

できない・大丈夫

できない

できない①

できない②
（やや強調）

できない③
（両手で）

できない④
ムリ、ムリ、ムリ

できない

できない⑤

ムリ

ムリ

大丈夫②
（強調）

大丈夫①

大丈夫?③
（疑問）

できる

わかる・わからない

わかる

わかる②

わかる①

わかる③

わからない

わからない①

わからない②
（強調）

ありがとう・すみません

ありがとう

ありがとう②
深謝

ありがとう①

ありがとう③
サンキュー

ありがとう
（手を合わせる）

ありがとう④

すみません

すみません①

すみません②
（手をすりあわせる）

お疲れ様・お大事に・気をつけて

お疲れ様

お疲れ様

気をつけて

気をつけて

お大事に

お大事に

　「いちじ（1時）」と「ひちじ（7時）」、「ひろい（広い）」と「しろい（白い）」、「わらう（笑う）」と「あらう（洗う）」等、聞き間違いしやすい単語は、数字を指で表したり、手を拡げて広さを表したり、その動作をしてみたりすると伝わりやすく、聞き間違いも少なくなります。

好き・嫌い（イヤ）

好き

好き①

好き②

（やや強調）

好き③

（強調）

手でハートを作る♥

好き④

嫌い②

（やや強調）

嫌い

嫌い①

イヤ

イヤ③

良い・悪い

良い

良い②
(やや強調)

良い①

良い③
(強調)

悪い

悪い②
(やや強調)

悪い①

悪い③
(強調)

上手・下手

上手

上手①

上手②

（やや強調）

上手（強調）

上手③

下手

下手①

下手②

（強調）

おいしい・まずい

おいしい

おいしい①

おいしい②

（やや強調）

うまい

おいしい③

まずい②

（やや強調）

まずい

まずい①

まずい③

（強調）

高い・安い
（同じ手指の形です）

（値段が）高い

高い①

高い②
（値段が）
とても高い

お目が高い

お目が高い

見る目がない

（値段が）安い

安い①

安い②
（値段が）
とても安い

買う・売る・店・デパート・銀行・カンパ

（高い・安いと同じ手指の形で、動作をかえると意味が違います。）

買う

売る

（自分からお金を払う動作）

（自分にお金が入る動作）

お店

銀行

（お金を上下する動作）

カンパ

（お金を集める動作）

デパート

朝・昼・午前・午後・夕・夜

朝

朝
「朝」、「間」

昼

昼

午前　時計の針
（12時の前）

午前①

午前②

午前③
時計の針の動き
（9-12）

午後
時計の針
（12時の後）

夕方

夜

夜

遊び・遊びまわる・旅行・仕事

遊び

遊びまわる

遊び

旅行

「汽車」、「遊び」

仕事、働く

仕事①

仕事、作る

仕事②

いる（必要）・いらない（不要）

いる、必要

いる、必要①

いる、必要②

（強調）

いらない、必要ない

いらない、
必要ない②

（控え目）

いらない、
必要ない①

いらない、
必要ない③

（強調）

いらない、
必要ない④

（片手、控え目）

いらない、
必要ない⑤

（片手、協調）

手話と出会える場所

手話サークル

　手話サークルは、1963年に京都ではじめて誕生しました。現在では、日本全国に数多くの手話サークルが作られ、地域にあるものだけではなく、学校や企業の中にも手話サークルがあります。サークルは、手話を学ぶだけでなく、きこえない人の良き友として、きこえないことに理解を深めながら活動している集まりです。

　地域にある手話サークルでは、公民館等で活動が行われ、きこえない人と一緒に、レクリエーションなどを通して手話を学んでいます。地域の手話サークルは、誰でも、いつからでも参加できる任意の団体です。

　地域にあるサークルについては、地域の役所（障害福祉課等）に聞いたり、または「(地域名) 手話サークル」等で検索すると情報がでてきます。

手話講習会

　市町村等の地方自治体では、きこえない人とコミュニケーションをとるために手話を学習したい人や、手話通訳者をめざしたい人を支援するために、手話講習会を実施しています。

　ほとんどの地域で受講料は無料ですが、開講時期や定員等が決まっているので、興味のある方は地域の役所までお問い合わせください。

▌地域の聴覚障害者協会や通訳団体について

聴覚障害者協会（https://www.jfd.or.jp/about/kamei）

　一般財団法人全日本ろうあ連盟の加盟団体（聴覚障害者協会）は、全国47都道府県にあります。市町村にも聴覚障害者協会があり、きこえない人が集い、手話普及に関する活動（手話講座、手話のイベント、映画の上映等）をおこなっています。

社会福祉法人　全国手話研修センター
（https://www.com-sagano.com/）

　社会福祉法人全国手話研修センターは、全国の手話の拠点として2002年に京都市に設立されました。手話を中心としたコミュニケーション環境整備のための研究・研修施設として全国的に事業展開をしています。一般の方が参加できる事業としては、手話まつりや映画祭などを催しています。

一般社団法人　全国手話通訳問題研究会（https://www.zentsuken.net/）
一般社団法人　日本手話通訳士協会（http://www.jasli.jp/）

　通訳の団体としては上記等があります、HPをご覧ください。

全国手話研修センター（コミュニティ嵯峨野）

第3章

会話をしてみましょう!

いままで練習したことを応用して、
ジェスチャーや手話を交えながら
コミュニケーションをしてみましょう。

会話①：仕事、終わった？

女性：仕事は、終わった？
男性：まだまだ。
女性：わかった。

会話① -1

女性：仕事は、終わった？
男性：ちょっと、待って。
女性：待つ、待つ。

会話① -2

会話②：会議は何時から？

男性：ねえ、会議は何時から？
女性：今日の会議は午後1時から。
男性：了解。

会話③：明日の会議は来る?

会話③ -1

男性：明日の会議は、来る?
女性：ごめん、行けない。

会話③ -2

男性：明日の集りは、来る?
女性：ごめん、行けない。

会話④：あの人は、誰?

会話④ -1

女性：あの人は、誰?
男性：さあ、知らない。

会話④ -2

女性：あの人は、誰?
男性：佐藤さん（男性）だよ。

会話⑤：食事代は、いくら?

男性：食事代は、いくら?
女性；一人 2,500 円。
男性：わかった、まって。
　　　5,000 円だわ。
女性：大丈夫、2,500 円のおつりね。

食事代は、いくら?

2,500 円

会話⑥：トイレは、どこ？

会話⑥

女性：ちょっと、トイレは、どこ？
男性：トイレは、まっすぐ行って、
　　　突き当りを右。

会話⑦：お先に帰ります。 お疲れ様。

女性：疲れた〜。
　　　お先に帰ります。
男性：お疲れ様。
　　　外雨だから気をつけて。
女性：わかった。

会話⑦

会話⑧：それ、良いね。

男性：それ（かばん）、良いね。
　　　高かったでしょ?
女性：高く見える?
　　　実は 3,000 円。

会話⑧

男性：3,000 円! 安い!
女性：あそこ（店）行ってみて。

会話⑨：何を食べたい?

女性：夕飯は、何をたべたい?
男性：お寿司。
女性：お寿司ね、わかった。

会話⑨ -1

女性：今日は、何をたべたい?
男性：カレー?
女性：カレーはやだな、あそこのパスタは?
男性：パスタ?寿司は?
女性：寿司は高いからいいよ。
男性：わかった、ラーメンは?
女性：良いよ、ラーメンね。

会話⑨ -2

会話⑩：火事だよ、逃げよう!

男性：(あそこで) 火事だよ、
　　　危ないから、
　　　(あっちに) 逃げよう!
女性：(あそこに) 大切なお金があるから
　　　取りに行きたい。
男性：お金は後、
　　　命が大事 (一番) だよ、
　　　(あっちに) 逃げるよ。
女性：わかった (泣)。

会話⑩

51

■ DVD で楽しく学べる　はじめて出会う手話

A5 判　192 頁（DVD 付・約 60 分）　定価 1,800 円+税

初めて手話を学ぶ人に向けた DVD 付きの本です。10 のシーンから基本的な手話を学ぶことができます。知っておきたい手話の単語集や、手話やろう者に関する基礎知識も掲載していますので、これから手話を学ばれる方に最適です!

■ 手話を学ぶ人のために～もうひとつのことばの仕組みと働き～

A5 判　132 頁　定価：1,600 円+税

「手話ってなに?」「手話の構成要素?」「手話の文法」「新しい手話をどうつくるか」「手話ということば」「手話と社会」など、手話とはどういう言語かについて、言語学と社会言語学の観点から分かりやすく説明しています。手話を学ばれている方におすすめです。

■ 聴さん 今日も行く!

A5 版　102 ページ　定価　900 円+税

皆に笑いと元気を与えてくれる「聴さん」、きこえない人が生活や日常で困っていること、そして「ろう運動」ってなんだろうという方に、読んで楽しく「わかる」「学べる」4コマ漫画です。

これ以外にも、全日本ろうあ連盟からたくさんの書籍が発行されています。書籍の目的別頁（https://jfd.shop-pro.jp/?mode=f1#os_cat1）があるので参考にしてください。尚、上記の本は書店でもご注文いただけます。

第4章

資料集
（指文字・都道府県・数字）

指文字

大きな絵は相手から見た手の形になります。○で囲まれた小さな絵は指文字をしているあなたから見た手の形になります。

 あ

 か

 い

 き

 う

 く

 え

 け

 お

 こ

さ	た	な
し	ち	に
す	つ	ぬ
せ	て	ね
そ	と	の

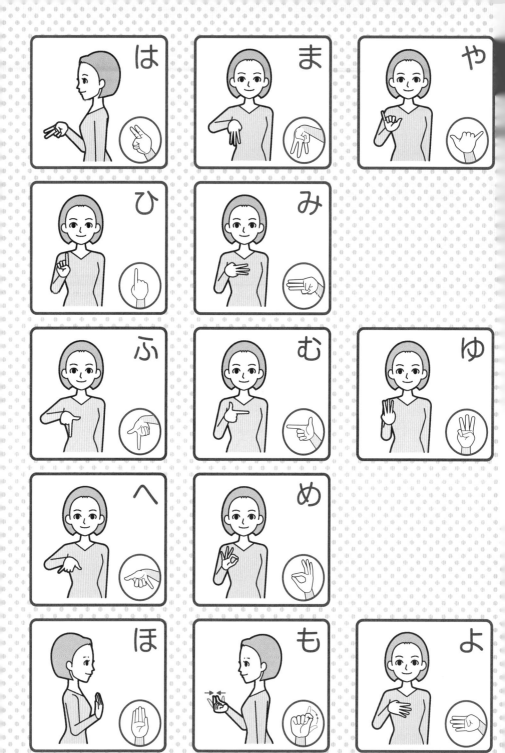

 ら

 わ

 「が」濁音

 り

 「ぱ」半濁音

 る

 を

 「っ」促音

れ

 「や」拗音

 ろ

 ん

 「ー」長音

各都道府県の手話

日本全国A

日本全国B

北海道

東北
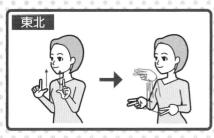

青森
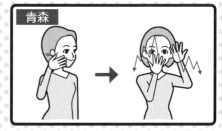

岩手
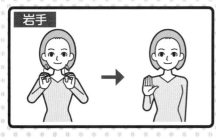

秋田

山形

宮城
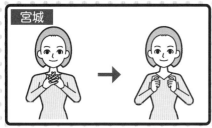

福島
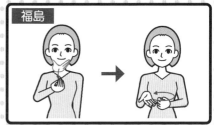

関東　茨城　栃木　群馬

埼玉　千葉　東京　山梨

神奈川　北信越　新潟

長野　石川

富山　福井

東海

静岡

岐阜

愛知

三重

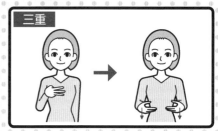

近畿

滋賀

京都

大阪

兵庫

奈良

和歌山

中国

鳥取

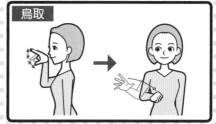

島根

岡山

広島

山口

四国

愛媛

香川

高知

徳島

九州A

九州B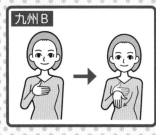

福岡

佐賀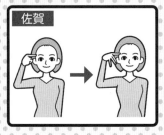

長崎

熊本

大分

宮崎

鹿児島

沖縄

数 字

0

1

2

3

4

5

6

7

8

9

10 A

10 B

50代からの ちょこっと 手話

企画・編集：唯藤　節子（全日本ろうあ連盟 出版・事業委員）
　　　　　　豆塚　佐世（全日本ろうあ連盟 出版・事業委員）

動画モデル：佐藤　尚行（全日本ろうあ連盟 青年部中央委員）
　　　　　：岡本　麻佑（全日本ろうあ連盟 青年部中央委員）

撮 影 協 力：NPO法人世田谷区聴覚障害者協会

手話イラスト：平井　壽子・根岸　優
　　　　　　わたしたちの手話　学習辞典より

タイトル協力：井上　麻美子

発　　　行：一般財団法人 全日本ろうあ連盟
　　　　　　〒162-0801 東京都新宿区山吹町130　SKビル8階
　　　　　　電話 03-3268-8847　FAX 03-3267-3445
　　　　　　https://www.jfd.or.jp

全日本ろうあ連盟
出版物のご案内

定　　　価：880 円（本体 800 円＋税 10%）
　　　　　　978-4-904639-34-4
　　　　　　C0037　¥800E

印刷・製本：日本印刷株式会社

発　行　日：2024 年 6 月 30 日